AF453801

TITRES DE CONCESSION

DU

CASINO DE FONTARABIE

DU PRESSOIR ET Cie.

TITRES DE CONCESSION

DU

CASINO DE FONTARABIE

DU PRESSOIR ET Cie.

PARIS

F. PICHON, IMPRIMEUR-LIBRAIRE,

14, RUE CUJAS ET 7, RUE VICTOR-COUSIN

—

1875

INTRODUCTION

Personne n'ignore qu'après la guerre Franco-prussienne de 1870-1871 et l'annexion administrative qui s'en suivit du Grand Duché de Bade à l'Empire allemand, M. de Bismarck proscrivit les établissements de jeu, et en ordonna la fermeture dans tous l'Empire, mais ce qui n'est pas généralement connu, c'est le véritable motif qui dicta cette mesure. Ce n'est pas la morale, car M. de Bismarck a accepté, ainsi que le Reichtag, l'augmentation du personnel de la Loterie Royale et a ainsi centralisé à son profit tous les avantages du jeu et de l'alea à Berlin, ce qui donne à la Prusse un revenu bien plus considérable, quinze ou vingt millions de thalers, et n'est à coup sûr pas plus moral que ne l'étaient les établissements de Baden et de Wiesbaden.

M. Du Pressoir, seul, ferma ses salons de conversation, à Bade, pendant la guerre, et fit là un acte éminemment patriotique et moral, mais malgré cela il n'obtint pas grâce, et Bade fut fermé comme les autres établissements.

Après diverses tentatives, en Suisse d'abord, puis dans le Val d'Andorre, et dans diverses autres localités, il s'arrêta à Fontarabie, point qui lui parut le plus convenable à cause de sa proximité de la France, et des centres de réunion d'étrangers, comme Biarritz, Pau, les bains des Pyrénées et Saint-Sébastien en Espagne.

En outre de cette population flottante, il pouvait compter sur les habitants de plusieurs grandes villes voisines, Bordeaux, Tarbes, Bayonne, etc.

Ce fut dans cette pensée qu'il acquit de M. Edouard Waldteufel la concession que lui avait donnée la Municipalité de Fontarabie, moyennant certaines clauses et conditions, pour établir en cette ville un Casino à l'instar de celui Baden-Baden.

Les diverses circonstances qui se sont produites depuis l'établissement du Casino fondé par M. Du Pressoir à Fontarabie, l'obligent aujourd'hui à mettre sous les yeux de ses associés les pièces qui constituent la validité de sa concession ainsi que les droits qui en découlent.

C'est un devoir pour lui d'éclairer l'opinion des personnes qui lui ont prêté leur concours, afin qu'il soit bien démontré que toutes les difficultés contre lesquelles il a eu, et a encore à lutter, ne proviennent pas de sa faute, et doivent être attribuées seulement à des motifs tout à fait étrangers à l'affaire elle-même. Les jalousies de clocher, la cupidité, la malveillance, le fanatisme religieux ont joué un grand rôle dans l'histoire du Casino de Fontarabie.

On comprendra difficilement les oppositions et les difficultés qui ont troublé la marche de cet établissement, après avoir pris connaissance de toutes les pièces qui suivent, authentiques, avec toutes les formalités administratives et légales. Mais il y a des faits que nous taisons volontairement, et nous espérons que l'on nous en saura gré.

DOCUMENT N⁰ 1

1ᵉʳ *Acte de concession*, 2 *décembre* 1869.

Nous avons dit que M. Du Pressoir avait acquis de
M. Edouard Waldteufel la concession pour établir à Fontarabie un Casino à l'instar de celui de Baden-Baden. Nous
ne connaissons pas les termes de la requête présentée à la
Municipalité de Fontarabie, mais nous avons sa réponse
qui constitue le premier acte de concession. Il est à remar-
quer que le Conseil municipal agissait en vertu de l'auto-
nomie reconnue à ces corporations par la Constitution de
1869, et par le décret du 20 novembre 1868, sur le droit
d'association, auquel se rapporte du reste l'art. 19 de cette
même Constitution de 1869, qui est encore actuellement en
vigueur.

La Municipalité répond à M. Edouard Waldteufel dans
les termes suivants par la bouche de son Alcalde président.

A Monsieur Edouard WALDTEUFEL, Paris,

J'ai fait savoir à la municipalité que j'ai l'honneur
de présider la teneur de votre communication au
sujet de l'établissement d'un Casino ou Cercle et
autres dépendances industrielles, que vous désirez
créer en cette ville, avec *privilége exclusif*, et il a été
convenu de vous répondre qu'en tout ce qui dépen-
dra de la Municipalité vous serez soutenu par elle
dans le privilége exclusif des susdits établissements,
sans préjudice de ce que la loi générale de la
Nation dispose à ce sujet, et qu'en plus vous

trouverez toujours de la part de cette corporation toute la protection qu'elle pourra vous accorder.

En même temps je dois vous faire savoir que la maison de bienfaisance de cette ville se trouve dans un état financier assez précaire, et qu'il serait à désirer que vous donnassiez quelque chose pour la soutenir, comme cela s'est fait dans d'autres villes où il existe des industries analogues, ainsi à Saint-Sébastien par exemple.

En conséquence vous pouvez, aussitôt que vous voudrez, commencer les travaux que vous avez le projet d'exécuter.

Dieu vous garde beaucoup d'années.

Fontarabie, 2 décembre 1869.

L'Alcalde,

G. Alejandro de Arinez.

Le Secrétaire, José Maria Echeneagusia.

DOCUMENT N⁰ 2

*Définition du privilége accordé par la Municipalité
de Fontarabie, 19 janvier 1870.*

L'acte antérieur, que nous venons de traduire, accordait
bien une concession pour établir un Casino à Fontarabie,
mais cela dans des termes trop vagues et trop indéfinis,
c'est ce qui motiva l'acte aclaratoire suivant.

Les différentes branches d'industrie mention-
nées dans la concession exclusive accordée à
M. Edouard Waldteufel à la date du 2 décembre 1869 par la Municipalité de Fontarabie, sont
les suivantes :

1⁰ L'exploitation d'un Casino avec *salles de jeux
de roulette et de trente et quarante,* salon de bal et
de concerts, et autres accessoires qui sont habituels dans un établissement de ce genre.

2⁰ Une place de taureaux.

3⁰ Un établissement de bains.

La déclaration antérieure est accordée à
M. Edouard Waldteufel pour la plus grande clarté
de notre délibération officielle du 2 déembre de
l'année antérieure.

Fontarabie 19 janvier 1870.

Le *Président,*

ALEJANDRO DE ARINEZ.

Suivent les signatures de tous les membres de la
municipalité.

DOCUMENT Nº 3

Protestation de la Municipalité, 5 février 1870.

Le succès obtenu par M. Waldteufel lui suscita des rivaux envieux qui vinrent se présenter à Fontarabie en offrant à la Municipalité de plus grands avantages, si elle consentait à l'évincer en leur faveur. Un d'entre eux plus entreprenant, et confiant dans la protection du général Prim, le héros de l'époque, se rendit à Madrid, où il commença des démarches qui motivèrent de la part de la Municipalité la la protestation suivante par laquelle elle se déclare liée indissolublement à M. Waldteufel.

A Son Excellence Monsieur le Ministre de l'Intérieur, Madrid.

Excellence,

Les soussignés, membres de la Municipalité de la ville de Fontarabie, vous font savoir respectueusement qu'ils viennent d'apprendre que malgré les engagements indissolubles qui les lient à M. Edouard Waldteufel, et malgré les avantages et garanties énergiques et loyables qui leur ont été présentées par lui jusqu'à ce jour, pour un contrat qui a reçu en outre un commencement d'exécution évidente de ses plans, par l'acquisition de terrains à Fontarabie, et la présence d'un architecte distingué qui consacre son temps à des études sérieuses pour les projets de divers édifices, et bien que ces faits soient patents, ils ont appris avec regret qu'un concurrent, avec lequel ils n'ont aucun rapport, sollicite de Votre Excellence l'autorisation de fonder dans cette ville le même Casino, avec les mêmes *salles de jeux*, dont ils ont fait la concession par *privilége exclusif* à Monsieur Edouard Waldteufel.

Pour les motifs ci-dessus, il prennent la liberté de prier Votre Excellence de ne prendre en considération aucune autre demande relative au même sujet, et au contraire de ne l'accorder qu'à celle du susdit sieur Waldteufel, attendu que toute autre décision pourrait porter de graves préjudices aux intérêts généraux de cette ville, par suite de la concession légalement octroyée en faveur dudit Monsieur Waldteufel.

En considération des explications antérieures ils prient très-instamment Votre Excellence de daigner accélérer, autant qu'il sera possible, la solution favorable de ce grand projet, que l'on désire mettre à exécution pour la prochaine saison de bains.

C'est une grâce que nous ne doutons pas d'obtenir du cœur magnanime de Votre Excellence, dont Dieu garde la vie beaucoup d'années.

Fontarabie 5 février 1870.

Excellence :
Suivent les signatures de tous les membres de la Municipalité.

Par ce document antérieur nous voyons que la Municipalité de Fontarabie, qui pouvait passer jusqu'alors comme ayant agi à l'insu du Gouvernement, en accordant une concession pour un établissement de jeux, n'hésite pas à faire connaître au Ministre de l'intérieur la concession qu'elle a accordé, en l'invitant à ne pas en donner une autre pour le même Casino, et les mêmes salles de jeux, concédés par elle et par privilége exclusif à M. Edouard Wald-teufel.

DOCUMENT N° 4

Ordre royal de Son Altesse le Régent renvoyant au Gouverneur de Guipuzcoa, comme seul compétent pour ratifier la concession faite par la Municipalité de Fontarabie et indiquant audit Gourverneur les articles de la loi sur lesquels il doit s'appuyer, 22 mars 1870.

Le Gouvernement d'alors était donc parfaitement informé de l'objet que se proposait le concessionnaire du Casino de Fontarabie. Du reste, un dossier avait été formé par les soins de M. Waldteufel, et présenté au Ministre de l'intérieur avec les pièces citées antérieurement à l'appui, le tout accompagné d'une instance afin que le gouvernement sanctionnât la concession faite par la Municipalité.

Le dossier avait passé par la voie hiérarchique et nous voyons la Municipalité, dans le document antérieur, prier le Ministre d'activer la solution de cette affaire.

La réponse ne se fit pas beaucoup attendre et fut la suivante :

Monsieur le Ministre de l'Intérieur dit aujourd'hui au Gouverneur de la province de Guipuzcoa ce qui suit :

Le Régent du Royaume informé des instances qui ont été présentées à ce Ministère par M. Edouard Waldteufel les 26 et 27 janvier dernier, demandant qu'il lui soit accordé l'autorisation d'établir à Fontarabie un Casino *analogue à ceux de Baden-Baden Spa, Monaco* et autres lieux, suivant les conditions et bases approuvées par la Municipalité de ladite ville, et considérant *que l'intéressé a droit* à ce qu'il demande, puisque ce droit se trouve consigné dans l'article 17 de la Constitution, et comme il entre dans les attributions de Votre Seigneurerie la faculté d'accorder ou de refuser les autorisations du genre de celle que réclame le postulant, cela en vertu des prescriptions du décret du 29 novembre 1868, sanctionnant et règlementant le droit d'association, droit auquel se réfère également l'article 19 du Code fondamental : S. A. a bien voulu ordonner que les susdites instances, ainsi que les documents qui les accompagnent, soient remis à Votre Seigneurerie, afin qu'après en avoir pris connaissance, et en se basant sur les dispositions citées plus haut, vous adoptiez la résolutioon que de droit.

Par ordre de Son Altesse, communiqué par le susdit Ministre, je vous en donne copie pour votre connaissance et les effets qui en résultent.

Dieu vous garde beaucoup d'années.

Madrid, 22 mars 1870.

Le Sous-Secrétaire d'Etat,

MORET.

A Monsieur Edouard WALDTEUFEL,

Le Ministre de l'intérieur et Son Altesse le Régent du Royaume étaient donc parfaitement au courant de l'objet que se proposait M. Waldteufel en demandant de créer à

Fontarabie un Casino *à l'instar de ceux de Baden-Baden, Monaco, Spa et autres lieux.*

Ils le savaient : d'abord par la protestation de la Municipalité, ensuite par la copie des actes de cette même Municipalité joints à l'instance présentée par M. Waldteufel au Ministre de l'intérieur.

C'est en vue de cette instance et de ces actes, qui sont cités dans le décret antérieur, que Son Altesse le Régent prend la décision, non pas de repousser l'instance, mais de la soumettre au Gouverneur de Guipuzcoa qui, *seul* d'après la loi, qui lui est citée dans l'ordre du Régent, a titre et faculté pour statuer sur la demande.

L'Ordre Royal du Régent peut donc se résumer ainsi : pour ma part j'accorde ce qui est demandé, puisque je ne le refuse pas, pourvu que le Gouverneur de Guipuzcoa qui suivant la loi, est le seul compétent pour juger cette question, accède à votre instance.

Or, le Régent et le Ministre de l'intérieur n'ignoraient pas ce qu'étaient les établissements de Bade, de Spa et de Monaco, ils savaient très-bien qu'il s'agissait de fonder une maison de jeu analogue, et leur intention évidente était de faire une exception en faveur de Fontarabie, à une loi surannée et tombée en désuétude qui prohibe les jeux. Cette loi en effet ne sert pas aujourd'hui à empêcher les jeux, puisqu'on joue partout en Espagne, et elle n'est plus qu'un instrument entre les mains de fonctionnaires qui souvent en abusent pour la faire servir à leurs caprices. Telle était donc la pensée du Gouvernement.

DOCUMENT N° 5

*Autorisation donnée par le Gouverneur de Guipuz-
coa pour l'établissement d'un Casino à Fontarabie, 30 juin 1870.*

Le Gouverneur de Guipuzcoa reçut du Ministre de l'intérieur l'instance présentée par M. Waldteufel et les pièces
qui l'accompagnaient, en même temps que l'ordre du Régent
qui s'en remettait à lui du soin de donner une solution à
cette affaire.

Il répondit ce qui suit :

A Monsieur Edouard WALDTEUFEL

En vue de l'instance présentée par vous à ce Gou-
vernenement de Province demandant la permission
d'ouvrir un Casino à Fontarabie.

Vu la résolution de Son Altesse le Régent du
royaume en date du 22 mars dernier :

J'accède à votre demande, en m'en rapportant
aux lois du royaume.

Dieu vous garde beaucoup d'années,

Saint Sébastien, 30 juin 1870.
Le Gouverneur de Guipuzcoa.
JOAQUIN DE CABIROL

Ainsi par le document antérieur, M. Joaquin de Cabirol,
gouverneur civil de Guipuzcoa, autorisé par un ordre royal
à accorder ou à refuser la demande qui lui est faite par
M Waldteufel, se détermine à lui accorder la permission

pour le Casino de Fontarabie, et il la lui accorde en réglant sa conduite sur les lois du royaume que lui cite le Régent lui-même dans son ordre.

Seulement la rédaction de sa phrase a donné lieu à des interprétations erronnées ou mal intentionnées, de la part de plusieurs gouverneurs qui lui ont succédé.

En effet, il dit, « en vue de la résolution de Son Altesse, « le Régent du royaume du 22 mars dernier » laquelle résolution lui remet sous les yeux les articles de la loi auxquels il doit assujettir sa décision, « je viens à accé- « der à votre demande en m'assujettissant aux lois du royaume. » « Con sujecion à las leyes del reino. » Or, c est lui-même qui s'assujettissait aux lois du royaume, suivant l'ordre du Régent, et qui basait sa décision sur ces mêmes lois, ainsi qu'il le lui avait été recommandé.

Il ne prétendait pas assujettir M. Waldteufel dans cette question aux lois du royaume, puisqu'elles défendent les ieux. D'ailleurs, si telle eût été son intention, il l'eût manifestée d'une manière claire et précise, et il eût repoussé tout simplement la demande qui était trop précise et trop explicite pour qu'il ne pût en comprendre la portée. *En accordant la concession du Casino de Fontarabie il savait parfaitement qu'il accordait la concession d'une maison de jeu, ainsi qu'elle lui avait été demandée comme mesure exceptionnelle.*

DOCUMENT N° 6

*Approbation des statuts de la Compagnie française
du Casino de Fontarabie par la Municipalité de
cette ville et le Gouverneur de la province : Dépôt
des pièces chez le notaire chargé des archives de la
Municipalité, 1ᵉʳ juillet 1870.*

On a vu, et il a été démontré par les pièces qui précèdent que la Municipalité de Fontarabie avait accordé la
concession d'une maison de jeu dans cette ville, qu'elle en
avait informé le Ministre de l'intérieur, et que le chef du
Gouvernement de cette époque, Son Altesse le Régent du
royaume, sollicité par M. Waldteufel de sanctionner cette
concession, avait en vertu des lois existantes, dont il cite
les articles dans son ordre royal, renvoyé le demandeur
devant la seule autorité compétente à cette époque, le Gouverneur civil de Guipuzcoa. On a vu que celui-ci, s'assujettissant aux prescriptions de la loi qui lui étaient indiquées,
avait accédé à la demande de M. Waldteufel.

A la suite de cette concession, OCTROYÉE PAR QUI DE DROIT,
il restait à M. Waldteufel de faire accepter les statuts du
Casino de Fontarabie, tant par la Municipalité de cette
ville, que par le Gouverneur de la province.

C'est ce qu'il fit en effet, comme le prouve la pièce suivante :

M. José Maria Echeneagusia, secrétaire de
la Municipalité de la ville de Fontarabie, certifie
qu'à la suite des statuts de la Compagnie française
du Casino de Fontarabie se trouve inscrite la délibé-

ration suivante sur les registres de la dite Municipalité :

En la ville de Fontarabie, le premier juillet 1870, après convocation expresse, se sont réunis MM. les Conseillers qui composent cette Municipalité sous la présidence de M. l'Alcalde Graciano Alejandro de Arinez, auxquels les statuts dont il est parlé antérieurement ont été soumis pour leur approbation par la Municipalité de Fontarabie, laquelle les a approuvés dans toutes leurs parties, et sans aucune restriction, marquant à cet effet chacune des feuilles avec le timbre municipal pour que *ne varietur*.

En outre, lesdits statuts ont été présentés le 30 du mois dernier, en présence de l'Alcalde de cette ville, à M. le Gouverneur civil de Guipuzcoa qui, après en avoir pris une connaissance exacte et détaillée, ainsi que de la signature de M. Edouard Waldteufel, les a réunis au dossier de l'affaire, lequel a été archivé au Gouvernement civil de cette province, *après avoir octroyé au dit sieur Waldteufel l'autorisation définitive* pour exploiter les diverses concessions que nous lui avons faites par nos actes en date du 2 décembre 1869, 20 janvier 1870, 21 janvier 1870, lesquels actes ainsi qu'il est exprimé dans la ratification de Son Excellence le Gouverneur civil. ont été confirmés par décret du 22 mai 1870 par S. A. le Régent du royaume et Son Excellence le Ministre de l'Intérieur.

En conséquence, pour que tous les documents constitutifs sur lesquels doit se baser la Compagnie

française du Casino et des bains de mer de Fontarabie, fondée sous les auspices de M. Waldteufel
pour une durée sociale de *trente cinq ans*, aient
force de loi, il sera fait dépôt de tous lesdits documents relatifs à la susdite concession dans l'étude du
notaire chargé de la garde des protocoles apparte-
nants à cette ville.

En foi de quoi ont signé à Fontarabie le 1er juillet 1870, les membres de la Municipalité.

Suivent les signatures.

En foi de quoi j'ai délivré le présent certificat,
approuvé par l'*Alcalde*.

Fontarabie le 1er juillet 1870.
Approuvé : José Maria Echeneagusia.
L'Alcalde, *Président.*
G. Alejandro de Arinez.

On peut voir par la pièce antérieure que toutes les formalités, même les plus minutieuses, avaient été remplies
par Monsieur Waldteufel. Cependant il restait à éclaircir
encore, et à confirmer par un acte, le temps fixé à la durée
de la concession, circonstance sur laquelle, malgré son
importance, on ne s'était pas appesanti dans la rédaction
des actes antérieurs.

DOCUMENT N° 7

*Fixation de la durée du privilége accordé à
M. Waldteufel, à 35 années à dater du jour
de l'inauguration du Casino de Fontarabie,
1ᵉʳ juillet 1870.*

Ce fut pour rémédier à cette lacune que la Municipalité
se réunit de nouveau et nous donnons le texte de sa délibération.

M. José Echeneagusia, secrétaire de la Municipalité de la ville de Fontarabie, certifie que dans
le registre des actes des sessions de cette Municipalité se trouve celui qui suit :

Dans la ville de Fontarabie, le vingt et un janvier mil huit cent soixante-dix, après avoir été
convoqués expressément, se sont réunis, MM. les
Conseillers qui composent la Municipalité, sous la
présidence de M. l'alcalde Graciano Alejandro de
Arinez, et que ladite Municipalité, entre autres
décisions prises ce même jour, a pris celle qui
suit :

La concession exclusive, octroyée par cette
Municipalité aux dates du 2 décembre 1869 et
20 janvier 1870 à M. Edouard Waldteufel, pour
UN CASINO AVEC JEUX DE ROULETTE, TRENTE-ET-
QUARANTE, et autres exploitations accessoires d'é-
tablissements de ce genre, de même que pour un
établissement de bains de mer et une place de tau-

raux, aura une durée de TRENTE-CINQ ANNÉES, qui commenceront à compter du jour de l'ouverture du Casino.

En foi de quoi, je délivre le présent certificat approuvé par M. l'Alcalde, à Fontarabie le premier juillet mil huit cent soixante-dix.

JOSÉ Maria ECHENEAGUSIA.

Approuvé : L'ALCALDE *Président,*

GRACIANO ALEJANDRO DE ARINEZ.

DOCUMENT N° 8

Acte de cession par M. Waldteufel de sa conces-
sion privilégiée en faveur de M. Du Pressoir.

Il résulte donc d'une manière évidente et positive par
les pièces qui précèdent, que M. Waldteufel se trouvait
légalement investi d'un droit de concession à lui accordé
PAR TOUTES LES AUTORITÉS ESPAGNOLES COMPÉTENTES pour
établir à Fontarabie un Casino à L'INSTAR DE CELUI DE
BADEN, AVEC SALONS DE JEUX DE ROULETTE ET DE TRENTE
ET QUARANTE, concession dont la durée était fixée à
TRENTE-CINQ ANNÉES.

Comment et pourquoi n'a-t-il pas fait usage de cette
concession?

C'est ce qu'il ne nous appartient pas de rechercher.
Peut-être les conséquences désastreuses de la guerre
franco-prussienne l'empêchèrent-elles en 1871 de trouver
le capital nécessaire pour exploiter son privilége. Toujours
est-il que, convaincu de l'impossibilité où il se trouvait
d'en faire usage, il en proposa la cession complète à
M. Du Pressoir qui l'accepta.

C'est alors qu'intervint entre eux l'acte suivant.

Entre les soussignés :

M. Jacques-Emile Du Pressoir, propriétaire,
demeurant à Paris, rue d'Amsterdam, 89, d'une
part :

Et M. Edouard Waldteufel, domicilié au même
lieu, rue Rochechouart 56, d'autre part :

A été convenu ce qui suit :

Par ces présentes, M. Waldteufel cède tous ses droits sans exception ni réserve, qui résultent de la concession à lui faite, en date des 2 déc. 1869 et 22 mars 1870 et d'une durée de *trente-cinq années* commençant à partir du jour de la mise en exploitation, lesquels droits sont la conséquence du droit exclusif, à lui seul concédé par la Municipalité et le Maire de Fontarabie, ainsi que de toutes approbations faites ou données, soit par le Gouverneur de la province de Guipuzcoa (Espagne), et toutes autres personnes compétentes, et ayant pour objet l'établissement d'*un Casino avec roulette et trente et quarante*, et aussi l'exploitation de bains de mer et d'un hippodrome pour les courses de taureaux, etc., etc., etc.

M. Du Pressoir déclare accepter la cession faite ce jour à lui, par M. Waldteufel, de la concession sus-énoncée, et par ces présentes en donne communication officielle à l'Alcalde de Fontarabie en le priant de vouloir bien en informer les membres de l'Ayuntamiento, et faire le nécessaire pour régulariser légalement cette cession en faveur de M. Du Pressoir.

Fait en double à Paris, le onze mai mil huit cent soixante-treize.

Approuvé l'écriture ci-dessus :

EDOUARD WALDTEULEL.

Approuvé l'écriture ci-dessus :

E. DU PRESSOIR.

DOCUMENT N° 9

*Acceptation de M. Du Pressoir par la Municipalité
de Fontarabie comme concessionnaire du Casino, 4 juin 1873.*

M. Du Pressoir se trouva donc dès lors, par l'acte de
cession, dont nous avons donné copie, propriétaire exclusif
de la concession du Casino de Fontarabie. Mais il lui fallait, pour que cette cession fut valable, l'autorisation de la
Municipalité à laquelle il en avait fait part.

La Municipalité se réunit donc, et accepta M. Du Pressoir comme nouveau concessionnaire, en lui accordant tous
les priviléges exclusifs dont était investi l'antérieur : seulement elle exigea en plus de lui le payement d'une somme
annuelle de 50,000 réaux, soit environ 12,500 francs,
moyennant quoi elle prolongea la durée de la concession
jusqu'à quarante années à dater de l'ouverture du Casino.

Ceci résulte d'une délibération de la Municipalité de Fontarabie ainsi conçue :

Monsieur José Maria Echeneagusia, secrétaire de
la Municipalité de la ville de Fontarabie, certifie
qu'au registre des délibérations de ladite Municipalité et au verso de la feuille numéro sept, il existe un
acte de la teneur suivante :

En la ville de Fontarabie et le 4 juin 1873, après
convocation expresse, se sont réunis Messieurs les
Conseillers qui composent cette Municipalité sous
la présidence de Monsieur l'Alcalde Graciano Alejandro de Arinez, auxquels il a été donné lecture de

l'acte de la session antérieure qu'ils ont trouvé conforme et approuvé. Ensuite il leur a été rendu compte d'une communication de M. Jacques Emile Du Pressoir, domicilié à Paris, de laquelle il apparaît que M. Edouard Waldteufel lui a cèdé tous les droits qu'il avait par la concession que lui avait faite cette Municipalité en date du 2 Décembre 1869 *pour l'exploitation d'un Casino avec salles de jeux de roulette et de trente et quarante*, salons de bal et de concerts, et autres accessoires habituels dans des établissements de ce genre, toutes fois qu'il obtiendra l'approbation du Gouvernement, et ledit M. Du Pressoir, demandant qu'il lui soit adjugé par la Municipalité la même concession exclusive qu'elle avait octroyée à la date mentionnée au sieur Waldteufel, la Municipalité dans la session de ce jour a décidé qu'elle accordait la même concession exclusive à M. Du Pressoir toutes fois que les lois d'Espagne ne s'y opposaient pas, avec les clauses et conditions suivantes :

1º Cette concession comportera avec elle LE DROIT EXCLUSIF, sans que jamais pendant sa durée la ville de Fontarabie puisse concéder à personne aucun privilége analogue, en faveur de M. Du Pressoir, ses ayant-droit ou héritiers, d'exploiter un Casino situé sur le territoire de cette ville. Ce Casino aura des salles de fête et des salons de lecture, et M. Du Pressoir SERA EN DROIT D'Y ÉTABLIR DES SALONS DE JEUX DE ROULETTE, DE TRENTE ET QUARANTE, ainsi que les autres jeux et accessoires habituels de ces sortes d'entreprises. Il aura aussi un droit exclusif pour fonder un établissement de bains de mer et construire une place de taureaux.

2ᵉ La concession se donne pour 40 ANNÉES qui compteront à dater du jour où M. Du Pressoir fera l'ouverture du Casino.

3º Une fois cette concession exclusive octroyée à M. Du Pressoir, avec l'autorisation de l'autorité supérieure, celui-ci paiera à la ville de Fontarabie une somme annuelle de CINQUANTE MILLE RÉAUX, laquelle devra être versée annuellement à la trésorerie de cette ville, jusqu'au terme de la concession pour être employée à couvrir les charges qui pèsent sur cette Municipalité. Le premier paiement sera de vingt-cinq mille réaux, qui forment le complément de l'annuité, et il se fera six mois après l'ouverture du Casino. Les paiements de la somme annuelle se feront ensuite par semestres jusqu'au terme de la concession.

Si pour cause de guerre, où de conspiration, il devenait impossible à M. Du Pressoir de continuer à tenir le Casino ouvert au public pendant un temps plus ou moins long, il est entendu que la rente ou paiement annuel diminuera en proportion du temps que l'établissement sera ouvert.

Sur ce la session de la Municipalité a été terminée.
Signé : G. A LEJANDRO ARINEZ, président, suivent les signatures des conseillers.

En foi de quoi, et pour les effets que de droit, je donne le présent certificat à Fontarabie, le 5 avril 1874.

Signé : José Maria ECHENEAGUSIA
Vu et approuvé. L'ALCALDE
G. ALEJANDRO DE ARINEZ

Ce fut à cette époque que M. Du Pressoir forma la société en commandite sous la raison Du Pressoir et Compagnie, pour l'exploitation de la concession de Fontarabie.

Il acheta, pour y établir le Casino, la propriété de M. Miguel de Artazcoz, petit château récemment construit au milieu de jardins et de terrasses qui d'un côté touchent la ville, et de l'autre sont directement accessibles par la rivière. Nul endroit ne pouvait mieux convenir pour le but qu'on se proposait.

Immédiatement commencèrent les travaux d'appropriation. On fit venir de Paris un mobilier spécial ainsi que tous les accessoires destinés à l'ornementation de la maison. C'est du jour où tous ces objets furent présentés à la douane d'Irun afin d'en acquitter les droits, qui s'élevèrent à une somme considérable, que date le premier acte d'hostilité contre le Casino de Fontarabie. Quelques jours après en effet le journal « la Epoca » de Madrid, dénonçait au gouvernement la création du nouvel établissement; cependant cette dénonciation n'eut pas de résultat.

Les travaux n'étaient pas finis, et le Casino n'était pas encore ouvert au public, que déjà la Municipalité de Fontarabie, obérée par les charges qui pesaient sur elle, faisait demander à M. Du Pressoir, comme une faveur signalée, de vouloir bien lui anticiper un semestre de la contribution qu'elle lui avait imposé.

Le document suivant en fait foi.

DOCUMENT Nº 10

*La Municipalité demande qu'il lui soit avancé un
semestre de la contribution et remercie M. Du
Pressoir qui lui ne a versé le montant, 27 mai 1874.*

José Maria Echeneagusia, secrétaire de la Municipalité de cette ville de Fontarabie, certifie que dans
le livre des sessions de cette corporation, au folio
quatorze, se trouve inscrite une délibération de la
teneur suivante :

En la ville de Fontarabie, le 27 mai 1874, après
convocation expresse, se sont réunis MM. les conseillers qui composent cette Municipalité sous la
présidence de M. l'Alcalde G. Alejandro de Arinez,
et il leur fut donné lecture de l'acte de la session
antérieure qui fut approuvée de conformité.

En vue des circonstances critiques qui affligent
ce pays cette Municipalité se voyant dans l'impossibilité d'encaisser et de recouvrer les sommes qui
devaient entrer dans la trésorerie, afin de couvrir
les obligations et dépenses qui sont à sa charge, il
a été déterminé que son Président fasse des démarches auprès de M. Emile Du Pressoir pour lui demander d'avoir la charité de faire à cette Municipalité l'avance d'un semestre, EN RAISON DE LA
CONCESSION qui lui a été octroyée à la date du
4 juin 1873, comme cela est inscrit au folio 7 de ce

registre, et que conséquemment il en soit donné reçu à ce même M. Du Pressoir, auquel M. l'Alcalde est prié de faire des remerciements de la part de cette Corporation.

Cet incident clot la session.

Suivent les signatures du Président et des Conseillers.

En foi de quoi, pour les effets que de droit et sur la demande de l'intéressé je donne le présent certificat approuvé par M. l'Alcalde.

à Fontarabie le 29 mai 1874.

José Maria Echeneagusia

Approuvé : l'Alcalde

G. Alejandro de Arinez.

Ainsi donc, avant que l'exploitation eut été commencée et que le Casino fût ouvert au public, la Municipalité, forte de son droit, et, persuadée que nul ne pourrait troubler M. Du Pressoir dans la jouissance de sa concession, lui demanda et obtint de lui le paiement par avance d'un semestre de la contribution par elle imposée.

Il n'y avait pas de moyen plus sûr et plus efficace de ratifier son contrat, et M. du Pressoir versa à la Trésorerie de la ville les 25,000 réaux demandés.

DOCUMENT N° 11

Inscription de l'acte social Du Pressoir et comp. au registre de la province de Guipuzcoa.

La société Du Pressoir et compagnie avait été formée en commandite comme nous l'avons déjà expliqué, et elle s'était constituée d'après les lois Espagnoles, après avoir fait rédiger son acte social par le notaire du pays, M. Policarpo Balzola, et suivant aussi les prescriptions du Code du commerce, ledit acte social devait être enregistré au Gouvernement de la Province.

Une copie en fut donc envoyée au Gouverneur de Guipuzcoa par le notaire et M. Du Pressoir reçut le certificat d'inscription suivant :

ADMINISTRATION DE FOMENTO

SECTION DE GUIPUZCOA

Commerce. — N° 628.

Il a été pris inscription sur le registre public et général de commerce de cette province de l'écriture de la société en commandite formée entre vous, à la date du 28 mai dernier, par devant le notaire d'Irun, M. Policarpo Balzola, et de laquelle vous avez présenté en temps opportun une copie au Gouvernement de la province, pour les effets prescrits dans le Code de commerce.

Dieu vous garde beaucoup d'années.

Saint Sébastien 28 juin 1874.

> *Signé :* le Gouverneur civil,
> SISTO PRIMO de RIVERA

Messieurs Du Pressoir et Cie,

Fontarabie.

La société Du Pressoir et compagnie récemment constituée, se trouvait donc avoir rempli les formalités légales qui devaient assurer son existence.

Pour arriver à ce but, il avait été comme on l'a vu nécessaire et indispensable d'envoyer au bureau du Gouvernement de province une copie de l'acte social, et par suite d'informer, les employés d'abord, et le public ensuite de l'importance du capital de la société.

Ce fut un grand mal !

En effet si le paiement des droits de douane pour le mobilier du Casino avait causé un étonnement général par son importance, la connaissance du capital employé par la société excita un étonnement bien plus grand encore. La vérité, augmentée par toutes les ressources de l'exagération méridionale, et proclamée dans tous les coins du pays, fit que dès le début de son installation on ne parlait plus que des millions de la société du Casino : un peu plus on aurait dit des milliards.

L'effet que cette nouvelle produisit est facile à comprendre, surtout dans un pays où dans les jours de prospérité on ne boit que du cidre et l'on ne mange que des galettes de maïs ; où la population est généralement pauvre quand elle n'est pas entièrement misérable, et où le commerce et l'industrie font complétement défaut.

L'effet fut prodigieux, de même que la cupidité, la jalousie et l'envie qui s'ensuivirent.

La ville de Saint Sébastien qui en peu d'années avait vu doubler sa population et s'élever comme par miracle un quartier tout neuf qui en triplait l'étendue, qui s'était vue entourée de villas et de maisons de campagne charmantes, le tout grâce aux établissements de jeux qui y attiraient de nombreux étrangers, crût voir dans Fontarabie une rivale à craindre. Aussi certaines personnes influentes s'empressèrent-elles de signaler le Casino de Fontarabie au Gouverneur de la province, en appelant sur lui toutes ses rigueurs.

La petite ville d'Irun, voisine et sœur de Fontarabie, jalouse des avantages auxquels elle ne devait pas participer devint le centre de calomnieuses dénonciations et la source de plaintes et d'insinuations aussi injustes que perfides.

C'était donc déjà toute une série d'ennemis qui s'était formée contre la société de Fontarabie, mais il y en avait d'autres encore et d'un caractère bien plus redoutable. Nous voulons parler de tous les gens soumis au parti clérical qui domine dans le pays. Non contents d'appeler sur l'établissement de Fontarabie les foudres de Dieu, il ne cessaient d'exciter toutes les rigueurs du Gouvernement.

Cependant, le Casino avait été ouvert au public et de nombreux visiteurs y arrivaient de toutes parts, mais les haines et les jalousies croissaient en même temps que le succès.

DOCUMENT N° 12

Rapport de la Municipalité de Fontarabie pour joindre à l'enquête ordonnée par le Ministre de l'Intérieur.

La Municipalité de Fontarabie, en renouvelant sa concession en faveur de M. Du Pressoir avait exigé qu'elle eût l'approbation du Gouvernement, ainsi que nous l'avons vu dans son acte du 5 avril 1874. M. Du Pressoir envoya donc à Madrid un représentant afin de solliciter du Ministre de l'Intérieur l'approbation de sa concession. Celui-ci lui présenta une instance à laquelle le Ministre répondit en ordonnant une enquête qui devait être faite par les autorités locales, c'est-à-dire l'Alcalde de Fontarabie d'abord, et ensuite le Gouverneur de Guipuzcoa, et le dossier ainsi commencé fut envoyé de Madrid pour y être donné suite à Saint-Sébastien.

La Municipalité de Fontarabie consultée par le Gouverneur de la province lui répondit par un rapport extrèmement favorable, où elle démontrait que la prospérité future et la vie présente de Fontarabie, dépendaient de l'existence du Casino.

Nous donnons copie de cette pièce.

En vertu de la communication en date du 17 courant, que vous avez envoyée à l'Alcalde, président de cette Municipalité, relativement à une instance présentée au Ministre de l'Intérieur, par MM. E. Du Pressoir et compagnie habitants de cette ville, et en son lieu et place par le baron de B··· demandant à être subrogés à tous les droits que possédait M. Edouard Waldteufel pour l'établissement d'un Casino dans cette ville, communication dans laquelle vous dites que M. le secrétaire général du Ministère de l'Intérieur, par ordre de M. le Président du Pouvoir Exécutif, transmis par M. le Ministre de l'Intérieur, nous ordonne d'informer sur cette affaire et sur tout ce qui s'y rapporte, après avoir entendu la population de Fontarabie, et dans laquelle vous demandez à l'Alcalde précité, afin de remplir cette formalité, de vouloir bien informer à ce sujet dans la mesure qu'il jugera opportune, et ayant, le susdit Alcalde, réuni le Conseil en session extraordinaire ce jour même, à l'effet de délibérer au sujet de votre susdite communication et d'informer, comme représentant ou conme administrateur des intérêts généraux de tous les habitants soumis à la juridiction de cette ville sur la convenance du Casino, cette Municipalité ne peut faire moins que de vous recommander avec la plus vive instance, de daigner prendre en considération, l'information véridique qui est la suivante :

Le 2 décembre de l'année 1869, la Municipalité de cette ville octroya sous certaines conditions à M. Edouard Waldteufel, la concession exclusive pour l'exploitation d'un Casino, c'est-à-dire d'une société ayant pour but de récréer les étrangers qui visitent cette frontière, en leur procurant toutes les commodités et les divertissements qui conviennent aux personnes de la haute société, et en leur offrant dans le dit Casino Restaurant, Salons de bal et de lecture, Concerts, Théâtre, Courses de taureaux, Régates, Etablissements de bains de mer et autre accessoires.

Par décret Royal du 22 mai 1870, S. A. le Régent du Royaume approuva la concession précitée, pourvu qu'elle obtint l'approbation du Gouverneur de Guipuscoa qui la donna sans réserve le 30 juin 1870. — M. Joaquin de Cabirol était alors Gouverneur.

M. Waldteufel n'ayant pu constituer définitivement la société qu'il voulait former, céda sa concession à M. Du Pressoir, ancien directeur de la société de Baden-Baden. Ce dernier a commencé dès à présent à mettre la concession en pratique, en acquérant pour cet objet le château qui appartenait à l'ex-Gouverneur civil, Don Miguel Maria Artazcoz, et en exécutant les travaux nécessaires.

En dehors des avantages qui en résultent pour la population de cette ville qui trouve là à placer de nombreux ouvriers, cette Municipalité doit vous exposer, que se voyant appauvrie après avoir épuisé toutes ses ressources pour faire face à des nécessités urgentes dans les circonstances que traverse le pays, elle eut recours à M. Du Pressoir, qui aussitôt ne trouva pas d'inconvénient à payer par anticipation le montant d'un semestre, pour les droits ou la contribution qu'il doit payer selon les conditions convenues. Cela a duré jusqu'à ce que les travaux étant terminés, le Casino Kursaal s'ouvrit au public. Depuis lors on y a remarqué comme toujours, l'ordre le plus complet, et la meilleure administration. Les nombreux employés, tant ceux du pays, que ceux étrangers au pays, reçoivent leurs appointements tous les mois, et en les dépensant ainsi qu'ils le font dans cette ville, ils augmentent le bien-être général.

Quant au public qui fréquente cet établissement, il se compose en majeure partie d'étrangers appartenant aux classes élevées de la société et venant de France attirés par le charme du site et la beauté naturelle de nos plages. C'est seulement dans les jardins que pénètrent les gens du pays, et ils y profitent des avantages d'une belle promenade et d'une excellente musique. En outre, cette commune recueille l'argent que les visiteurs dépensent journellement en acquisitions de différente nature. Il n'y a rien jusqu'à présent qui ait pu offenser, en quoique ce soit, la morale publique, ni dans les jardins, ni dans les salons.

En ce qui concerne l'Espagne, Fontarabie est un point si isolé et tellement dépourvu de ressources, que c'est un objet d'orgueil pour cette Municipalité, d'avoir été choisi par la Providence pour trouver une société qui moyennant l'attrait qu'elle offre aux étrangers, peut faire le bonheur de cette ville qui, sans cela, resterait toujours plongée dans la misère où elle est restée si injustement, bien qu'elle soit digne d'un meilleur sort, en conséquence du rôle qu'elle a joué dans l'histoire où sont gravés ses titres à l'admiration et au respect, et où l'on voit ses lauriers mettre le comble aux gloires de l'Espagne.

Ainsi donc en considération des circonstances particulières et spéciales dans lesquelles se trouve Fontarabie, cette Municipalité estime qu'on doit octroyer, à la société de M. Emile Du Pressoir, l'autorisation qu'elle sollicite, parce que c'est sur elle que reposent la prospérité et le bonheur de tous les habitants de cette ville infortunée qui par ses actes et ses titres glorieux de : Très-noble, Très-loyale, Très-vaillante et toujours Très-fidèle cité de Fontarabie, mérite ce privilége spécial.

Que Dieu vous accorde de nombreuses années,

Fait à Fontarabie, le 24 Aout 1874.

L'ALCALDE *Président*

G. ALEJANDRO ARÍNEZ

Pour la Municipalité

Le Secrétaire,

JOSÉ MARIA DE ECHENEAGUSIA

A M. le Gouverneur civil de Guipuzcoa.

(Apostille de l'Alcalde)

Voilà la seule information que peut vous transmettre la Municipalité.

DOCUMENT N⁰ 12 *bis*

*Rapport du Gouverneur de Guipuzcoa sur le Casino
de Fontarabie joint à l'enquête ordonnée par le
Ministre de l'Intérieur.*

Dans cet intervalle les visiteurs accouraient en foule à
Fontarabie attirés par le plaisir d'une excursion pittoresque
et par le bon goût que M. Du Pressoir a toujours sû dé-
ployer dans ses réceptions. C'est alors qu'il pensa à donner
à ses invités le spectacle d'une grande fête nautique et
qu'il organisa les premières régates qui eurent jamais eu
lieu dans la baie de la Bidassoa. Des prix importants
avaient été promis aux vainqueurs, et toutes les autorités
des villes voisines de France et d'Espagne avaient été
invitées à présider la fête. Des trains de plaisir devaient
amener et amenèrent en effet à Hendaye et Fontarabie
près de six mille personnes.

La veille du jour où devaient avoir lieu les régates,
M. Du Pressoir reçut du Gouverneur de Saint-Sébastin un
ordre qui les défendait absolument *sous prétexte que les
carlistes profiteraient de cette occasion pour faire une
démonstration.*

Pour qui connaît le pays cette défense était injustifiée
puisqu'il n'y avait pas de carlistes dans le voisinage, mais
le Gouverneur, *mieux informé*, leva sa défense, et les régates eurent lieu.

Le travail de l'enquête se poursuivait toujours et le
Gouverneur de Guipuzcoa ajouta au dossier son rapport
qui fut tout à fait favorable et parfaitement raisonné.

Nous en donnons la traductiou :

Excellence,

Je vous remets ci-joint l'information pratiquée
par la Municipalité de Fontarabie, sur la demande
que MM. E. Du Pressoir et compagnie, habitant
ladite ville, ont présentée à votre Ministère, à la
date du 10 juin dernier, et sur laquelle, suivant
l'ordre de V. E. du 10 août, il a été manifesté votre
désir d'entendre l'avis des habitants de cette ville,
ainsi que du Gouverneur de la province, avant de
prendre une résolution sur le contenu de cette demande ; et accomplissant pour ma part aussi ce qui
m'a été indiqué dans l'ordre que je cite, je vais
manifester à V. E. l'opinion qu'après un mûr et
attentif examen, j'ai pu former au sujet de l'affaire
qui fait l'objet de cette information.

En examinant tous les antécédents qui se rapportent à la demande présentée par MM. E. Du Pressoir
et compagnie, on voit que cette demande tend seulement, dans le cas actuel, à faire reconnaître les droits
et priviléges qui, en vertu de décisions antérieures,
furent accordés à M. E. Waldteufel, et que celui-ci
a transmis en toute forme de droit, ainsi qu'il résulte du document dont est jointe ici la copie : que
son objet est de mener à bonne fin le plan que
M. E. Waldteufel s'était proposé, quand il a demandé
au Gouvernement la concession qui lui a été accordée, et que pour des motifs étrangers à sa volonté,
il ne put réaliser à cette époque, et que ce plan

ainsi que la concession avaient pour base l'établissement à Fontarabie d'un Casino à l'imitation de
ceux qui existaient alors à Baden-Baden et à Spa,
et qui existent encore aujourd'hui à Monaco et
·autres lieux, et cela sur les bases et conditions im-
posées et approuvées par la Municipalité de Fonta·
rabie, qui croyait alors et qui croit encore aujour-
d'hui, ainsi qu'il résulte de son information, qu'il
serait de la plus haute importance pour cette localité
qu'il s'y fondât un établissement qui, en même temps
qu'il attirerait par sa spéciale manière d'être, une
grande affluence d'étrangers qui contribuent à la
vie et à l'animation de la ville, ainsi qu'à son embellissement, par les constructions qui doivent s'y
élever, par les jardins et promenades qui se pro-
jètent, mettrait à la disposition de la Municipalité, dont la position est aujourd'hui précaire et
difficile par suite de la guerre civile que nous sou-
tenons, des ressources importantes.

Il ne s'agit donc pas, Excellence, d'un projet nouveau et inconnu, mais seulement de ratifier un
titre déjà accordé, et que le Gouvernement de S. A.
le Régent du Royaume, a cru convenable de donner,
ainsi que d'exécuter un projet qui peut rapporter
d'immenses bénéfices à une ville qui manque de
tout élément propre de richesse et de prospérité,
et qui par cela même qu'elle se trouve pour ainsi
dire isolée des autres villes d'Espagne, réunit des
circonstances spéciales, pour que, sans aucune espèce
d'inconvénient, on puisse y laisser fonctionner un

établissement de la nature qu'est celui qu'ont le projet de fonder MM. E. Du Pressoir et compagnie.

"Tous ceux qui ont connu ce que furent Baden-Baden, Spa et Monaco avant qu'on y établisse des casinos pareils à celui qui se projette pour Fontarabie, et qui ont fonctionné avec tant de succès dans ces célèbres séjours de plaisirs, savent que ces villes aujourd'hui magnifiques, n'étaient alors que de tristes et pauvres villages, plus ou moins bien situés, mais sans vie ni importance aucune, et que ce furent ces Casinos et l'immense foule qu'ils attiraient de toutes parts par leurs distractions constantes et variées, qui arrivèrent en peu d'années à changer l'existence de ces villages, en les convertissant en superbes villes, et en leur créant une animation dont ils manquèrent auparavant.

Le bénéfice qui en résulta pour ces villes fut si important, et leur prépondérance comme villes de plaisirs devint si grande, que lorsque les Casinos qui existaient à Baden-Baden et Spa cessèrent d'exister, la presse française crut devoir appeler l'attention de son gouvernement sur la convenance qu'il y aurait d'autoriser des établissements analogues dans les villes d'eaux de la France, comme Vichy, Luchon et autres.

Cependant, malgré les observations qui précèdent, et l'utilité que ces Casinos ont rapporté dans tous les points où ils ont existé, je ne croirais pas qu'il fût opportun ni convenable, pour des raisons que V. E. doit comprendre, de donner une autorisation, s'il s'agissait de concessions pour les **grandes** capitales, ou des villes de l'intérieur du pays ; mais comme il s'agit d'une ville presque isolée, dont les habitants sont en plus grande partie de pauvres pêcheurs, je ne vois aucun inconvénient à ce qu'il soit fait droit à la demande qui a motivé la présente information.

V. E. cependant, avec son sage jugement, peut résoudre dans le sens qu'elle croit le plus convenable.

Dieu garde à V. E., etc., etc.

St-Sébastien, 7 septembre 1874.
Sisto Primo de Ribera.

A. S. E. le Ministre de l'Intérieur,

Le dossier de l'enquête, complété par le rapport antérieur, fut renvoyé à Madrid pour que le Ministre puisse prendre une détermination en connaissance de cause.

C'est ici que se placent les désastreux épisodes qui ont causé à la société de Fontarabie d'irréparables préjudices.

Le gouverneur de Guipuzcoa était allé à Madrid pour des affaires privées, laissant le Gouvernement de la province entre les mains de son secrétaire. Alors l'attaque contre le Casino recommença de plus belle. On peut soupçonner quel était le but de ces attaques, mais on ne soupçonnera jamais les violences de l'attaquant. Inventions calomnieuses, dénonciations mensongères, accusations fausses, tout fut mis en œuvre contre le Casino par celui-là même qui avait le devoir de le protéger et qui, au lieu de cela, en ordonna arbitrairement la fermeture.

Toutes ces plaintes du chef intérimaire de la province empêchèrent le Ministre de donner une solution immédiate à la demande qui lui avait été faite, car le dossier de l'enquête se compliquait chaque jour des rapports les plus défavorables.

Ce fut vers cette époque, au mois de novembre dernier que les carlistes attaquèrent la ville d'Irun, et que M. Du Pressoir calomnieusement accusé d'avoir toléré des conspirations carlistes dans son établissement donna en cadeau une ambulance complète à la ville de Fontarabie pour y recevoir les blessés de l'armée libérale.

DOCUMENT N° 13

*Lettre du Commandant de place de Fontarabie re-
merciant M. Du Pressoir de sa générosité au nom
du Capitaine Général de la province.*

Cette générosité lui valut les remerciements officiels du
Capitaine Général, Commandant militaire de la Province
dont il reçut une lettre de laquelle nous donnons la traduction.

Commandance militaire de la place de Fontarabie.

Son Excellence M. le Brigadier, Gouverneur militaire de cette province de Guipuzcoa, à la date
du 11 de ce mois, me fait la communication suivante :

« J'ai été informé avec satisfaction, par votre
» rapport du 8 de ce mois, du don qui a été fait en
» faveur de la cause libérale, par le directeur du
» Casino de cette ville, M. Du Pressoir, d'une pompe
» à incendie, dix lits complets avec service entier,
» et cent francs en argent pour secourir les blessés.
» Je vous prie de le remercier en mon nom pour
» pour ses sentiments humanitaires, et je me rap-
» pellerai à l'occasion de ce trait de générosité. »

Je vous transcris avec le plus grand plaisir la
communication antérieure, pour votre connais-

sance et satisfaction, en ajoutant que pour ma part je vous suis très-reconnaissant pour votre philantropie et cette générosité qui vous distingue.

Dieu vous garde beaucoup d'années.

Fontarabie, 15 novembre 1874.

Le lieutenant-colonel commandant,
BERNARDO GOENAGA.

M. Du Pressoir, directeur du Casino de cette ville.

Le représentant de M. Du Pressoir à Madrid n'avait cessé de combattre les pamphlets envoyés par le Secrétaire-Gouverneur-intérimaire deSaint-Sébastien, soit au Ministre lui-même, soit aux journaux. Un nouveau Gouverneur titulaire, fut envoyé et reçut l'ordre de faire une nouvelle enquête.

C'est en apprenant cette nomination que le Secrétaire céda de ses prétentions en laissant ouvrir le Casino après une fermeture de trois mois.

La nouvelle enquête se poursuivait, et le Ministre, bien pénétré des intrigues dont il avait été le jouet, avait promis de résoudre la question dans le sens qui lui avait été demandé.

Mais le Gouvernement d'alors tomba, pour faire place à la restauration monarchique du Roi Alphonse XII, et la question se trouva forcément ajournée.

L'ancien propriétaire du Casino de Fontarabie, M. Miguel de Artazcoz fut nommé Gouverneur de la province de Guipuzcoa, et l'une de ses premières décisions fût la fermeture de l'établissement.

Il obéissait, comme tant d'autres, à ce sentiment de réaction contre tout ce qui avait été fait par les Gouvernements antérieurs, libéraux ou républicains, et il a été remplacé dernièrement, sans plus de profit pour la société de Fontarabie, par un successeur plus réactionnaire encore.

Cette situation pour la société du Casino devenait insoutenable, et il fallait à tout prix obtenir la sanction de la concession qui lui avait été accordée.

Au milieu du bouleversement apporté dans le Ministère de l'Intérieur par le changement de tous les employés, lors de la restauration du Roi Alphonse XII, ce malheureux dossier de l'enquête avait été égaré et éparpillé, avec ou sans intention. Il fallut donc le reconstituer de nouveau, pièce par pièce, et ce ne fut qu'après cela qu'on put lui donner cours.

L'enquête fut continuée, mais comme le temps se passait et que le résultat se faisait attendre, la Municipalité de Fontarabie prit la détermination d'envoyer à Madrid une députation de son sein pour appuyer les démarches du représentant de M. Du Pressoir.

Cette députation composée de MM. Alejandro de Arinez, Leandro de Souza et Eugenio Sagarzazu arriva en effet à Madrid apportant au Ministre UNE PÉTITION SIGNÉE PAR TOUS LES HABITANTS de la ville de Fontarabie en faveur du Casino.

D'un autre côté, le chef d'Ordre Public fit son rapport dans l'enquête et c'est de cette pièce importante que nous donnons la traduction qui suit ·

DOCUMENT N° 14

Information du chef de l'Ordre Public, à Madrid, jointe à l'enquête ordonnée sur le Casino de Fontarabie, par le Ministre de l'intérieur.

Vu le dossier ainsi que tous les documents qui .e composent :

Attendu qu'il résulte que le 2 décembre 1869, la Municipalité de Fontarabie, octroya, moyennant certaines conditions, à M. Edouard Waldteufel, la CONCESSION EXCLUSIVE, pour installer dans cette localité un Casino ou Cercle de plaisir, ainsi que divers autres établissements industriels :.

Attendu qu'il résulte que cette concession a été SANCTIONNÉE par le Régent du Royaume, le 22 mars 1870, et que par suite le Gouverneur de Guipuzcoa, le 30 juin de la même année, a donné, EN VERTU DU POUVOIR QU'IL AVAIT, l'autorisation pour ouvrir ledit Casino :

Attendu qu'il résulte que M. Edouard Walteufel a fait cession de tous ses droits acquis à M. Emile Du Pressoir, LEQUEL ACTE DE CESSION A ÉTÉ APPROUVÉ et autorisé par la Municipalité, le 5 avril 1874 :

Attendu que, comme conséquence du traité antérieur, M. Du Pressoir, représenté par le Baron de B'", a sollicité du Gouvernement, par son instance du 10 juillet dernier, l'approbation de ladite concession, et qu'à cet effet il soit considéré comme subrogé dans tous les droits que possédait le concessionnaire antérieur :

Attendu que, cette instance a été envoyée au Gouverneur de la province, à la date du 10 août, afin qu'il donnat son avis, et que celui-ci l'a retournée le 7 septembre, après avoir donné un avis favorable, en joignant au sien un autre plus favorable encore de la Municipalité de Fontarabie, dont il avait voulu consulter l'opinion avant de prendre une résolution sur ce sujet :

Attendu que, postérieurement à la date de l'enquête, soit le 25 janvier dernier, le Casino a été fermé par ordre du Gouverneur de la province, en vertu d'une plainte de l'autorité militaire, et de ce qui est ordonné par la loi en matière de jeux, ainsi que le dit le susdit Gouverneur dans sa communication du 9 février, opinant alors en sens contraire à l'information qui avait été donnée antérieurement :

Attendu que, s'élevant contre cette mesure, LA MUNICIPALITÉ, AU NOM DE LA POPULATION EN MASSE de Fontarabie, proteste, et demande qu'il soit nommé une commission qui aille faire des démarches auprès du Gouvernement de Sa Majesté pour obtenir la réouverture du Casino, et que la Municipalité, convaincue des raisons si fondées des habitants, et abondant dans les mêmes sentiments, décida de nommer cette commission qui se com_ pose de MM. Graciano Alejandro de Arinez, président du Conseil Municipal, Léandro de Souza et Eugénio Sagarzazu, lesquels élèvent une instance à ce Ministère *demandant l'approbation de la concession faite par la municipalité de Fontarabie à MM. Du Pressoir et compagnie,* pour établir le Casino international de plaisir et la permission pour l'ouvrir de nouveau, en vertu du décret, circulaire du 7 février dernier :

Considérant que *la concession faite en* 1869, par la Municipalité de Fontarabie à M. Waldteufel, qui a été confirmée par le Gouvernement de la Régence, en 1870, *se trouvait entourée des prescriptions légales,* surtout de celles du décret du 20 novembre 1868, dont le but était de sanctionner et de régulariser le droit d'association :

Considérant que la cession faite par M. Waldteufel à M. Du Pressoir, contient toutes les formalités de droit nécessaires, ainsi qu'il résulte de la ci-jointe copie de l'acte :

Considérant que l'objet de M. Du Pressoir en prétendant que la cession faite en sa faveur soit reconnue, est de mener à bonne fin le plan que s'était proposé M. Waldteufel quand il demanda au Gouvernement la concession qui lui fut accordée, plan qu'il n'a pas pu réaliser pour des causes étrangères à sa volonté :

Considérant que le Gouverneur, tout aussi bien que la Municipalité, sont d'avis, dans l'enquête ordonnée, que *pour les circonstances particulières et*

*spéciales ou se trouve cette ville, l'autorisation de
cession à MM. Du Pressoir et compagnie, doit être
accordée,* parce que d'elle dépend la prospérité des
habitants pour lesquels aura une très-grande importance, le développement de cet établissement,
qui en même temps qu'il attire par sa *spécialité*
une grande affluence d'étrangers qui contribuent
à donner de la vie et de l'animation à la ville,
contribue par lui-même à l'embellissement de la
localité par les constructions qui doivent se faire,
par les promenades et jardins qui sont en projet,
et enfin par les ressources qu'il met à la disposition du Conseil Municipal qui, aujourd'hui, par
suite de la guerre, se trouve dans une situation précaire et difficile, et pour tous ces motifs, le susdit
Gouverneur ne voit aucune espèce d'inconvénient
à ce qu'il soit accédé à la demande sur laquelle il
fait son enquête, surtout quand il s'agit d'une ville
presque isolée, et dont la plupart des habitants
sont des pêcheurs :

Considérant que. protestant contre l'ordre dernièrement donné par le Gouverneur de fermer le
Casino, par suite de plaintes de l'autorité militaire,
et par suite des articles de la loi en matière de jeux,
se sont adressés à l'autorité supérieure du Ministre,
1° l'Alcalde, Président du Conseil Municipal, par son
instance du 28 octobre, manifestant les immenses
préjudices occasionnés aux habitants en général,
et en particulier à toute la classe des travailleurs
que la guerre prive depuis si longtemps de toutes

ressources, et qu'il pourra être dangereux de re-
plonger dans la misère d'où le Casino les avait sortis,
et 2º que plus tard une commission, nommée
par la municipalité, à la demande des habitants, a
présenté une instance, en date du 19 février, dans
laquelle elle expose les immenses avantages que
rapporte le Casino par le travail constant qu'il
fournit à la classe pauvre, si nombreuse à cause de
la guerre, et que grâce à ce même établissement, la
ville a pu soutenir un corps de volontaires pour dé-
fendre ses murailles, que le Casino a avancé les
fonds nécessaires pour réparer les fortifications,
qu'il a fait présent à la ville d'une pompe à incendie ainsi que de tout le matériel nécessaire pour
une ambulance de guerre, qu'enfin *l'existence du
Casino, pour la ville de Fontarabie, est une question
de vie ou de mort.* La commission, aussi bien que
l'Alcalde, dans les documents respectifs, présentés
par eux, ont exposé que des rivalités de villes voisines, ainsi que la mauvaise volonté des autorités
supérieures de la province, ont fait que, mécon-
naissant *les droits légitimes, et qu'on ne peut nier,*
du Casino de Fontarabie, il a été ordonné la fermeture de cet établissement, au grand préjudice des
intérêts des habitants :

Considérant enfin qu'il ne s'agit pas dans cette
question d'un projet nouveau et inconnu, mais
seulement de confirmer une chose déjà concédée, et
que le Gouvernement de la Régence avait cru convenable, et qu'il s'agit de continuer cette conces-

sion qui peut rapporter d'immenses avantages à une ville qui manque par elle-même de tous les éléments de richesse et de prospérité, *et qui par cela même qu'elle se trouve presque isolée des autres villes d'Espagne, réunit des circonstances spéciales pour qu'il n'y ait aucun inconvénient à y laisser fonctionner un établissement* DE LA NATURE INDIQUÉE dăns la demande de MM. Du Pressoir et compagnie :

Vu la circulaire du Ministère-Régence, du 7 février dernier, et les termes précis de son article 5 :

La direction d'Ordre public opine que la question doit être résolue en approuvant la concession faite par la Municipalité de Fontarabie à MM. Du Pressoir et compagnie, pour y installer le Casino international de pur amusement, tel qu'ils l'ont demandé, et par suite, de leur accorder la permission de réouvrir ledit Casino, d'accord avec la circulaire citée antérieurement et avec les lois du Royaume, sous la surveillance des autorités locales.

V. M. Ordonnera ;

Madrid.....

Signé : le chef d'ordre public.

DOCUMENT N° 15

Avis du Sous-Secrétaire d'Etat du Ministère de l'Intérieur, joint à l'enquête ordonnée.

La pièce antérieure est d'une importance qu'il est inutile de signaler : elle émane du chef de l'Ordre Public au Ministère de l'Intérieur, dont les fonctions sont celles de Préfet général de la police en Espagne. Elle contient en abrégé l'histoire de toutes les démarches qui ont eté faites au sujet de la concession du Casino de Fontarabie, et l'opinion favorable exprimée par un fonctionnaire public aussi important. Le Sous-Secrétaire d'Etat du Ministère de l'intérieur a émis à la suite son avis dans les termes suivants :

L'autorisation pour *l'ouverture, la constitution et l'existence* des cercles et Casinos, seulement de plaisir, correspond aux attributions du Gouverneur de la province dans les capitales de province, et dans les autres villes aux autorités locales, suivant les art. 4 et 5 de l'ordre circulaire du Ministère Régence, en date du 7 février dernier. Pour obtenir la réouverture du Casino de Fontarabie, les intéressés devront donc s'adresser à l'autorité locale de ladite ville, et en cas de négative, au Gouverneur de la province.

Signé :

Le Sous-Secrétaire d'État du Ministre de l'Intérieur,

ALZUGARAY,

Ainsi, dans la note précédente apposée à la suite de celle du chef de l'Ordre Public, le Sous-Secrétaire d'Etat, informé de tous les détails de l'enquête, émet son opinion qui est de laisser en vertu du décret circulaire du 7 février, pleine et absolue liberté à l'autorité locale, c'est-à-dire à l'Alcalde, président de la Municipalité de Fontarabie pour *l'ouverture*, *constitution* et *existence* du Casino de cette ville.

En un mot, le Casino de Fontarabie dépend absolument dans tous ses détails de constitution et d'existence de l'Alcalde de cette ville.

A la suite et au-dessous de la note du Sous-Secrétaire d'Etat du Ministère de l'Intérieur, le Ministre a écrit :

Je suis d'accord avec l'opinion du Sous-Secrétaire d'Etat.

Signé :

F. ROMERO ROBLEDO.

DOCUMENT N° 16

Ordre Royal, donné à la suite de l'enquête provoquée par le Ministre de l'Interieur au sujet du Casino de Fontarabie. 24 avrit 1875.

L'enquête se trouvait donc complètement terminée, et il ne restait plus à intervenir que l'Ordre Royal qui devait résoudre cette question par une solution définitive. Nous donnons la traduction de cet Ordre Royal qui se trouve inclus dans la communication suivante, en réponse à l'instance présentée à M. le Ministre de l'Intérieur.

MINISTÈRE DE L'INTÉRIEUR

ORDRE PUBLIC

Bureau n° 3.

Ce centre administratif dit, à la date de ce jour, à M. le Gouverneur civil de Guipuzcoa, ce qui suit :

« VU les instances élevées à ce Ministre par la
» commission nommée par la Municipalité de la ville
» de Fontarabie, en représentation de tous ses
» habitants et par le Baron de B***, demandant la
» réouverture du Casino de cette même ville, le-
» quel fut installé en 1869, par co) cession exclu-
» sive de ladite Municipalité en faveur de M. Edouard
» Waldteufel et compagnie, qui a cédé à M. Émile
» Du Pressoir sa concession avec approbation de
» la Municipalité :

« VU la décision contenue dans l'Ordre du Régent
» du Royaume, du 22 mars 1870, sur ce même
» sujet :

» CONSIDÉRANT que le décret du Ministère
» Régence, du 7 février dernier ordonne, dans les
» articles 1er et 5, que dans les capitales de pro-
» vince, il incombe aux Gouverneurs d'autoriser
» la concession de cercles purement de plaisir, et
» que dans les autres villes cette attribution ap-
» partient à l'autorité locale :

» S. M. LE ROI A BIEN VOULU ORDONNER :
» que l'autorisation, pour la réouverture de l'éta-
» blissement dont il s'agit, corresponde en premier
» lieu à la Municipalité de Fontarabie, à laquelle
» les intéressés pourront présenter leur demande
» pour obtenir ladite autorisation, et qu'en cas de
» refus ils s'adresseront au Gouverneur de la pro-
» vince.

» PAR ORDRE ROYAL, communiqué par M. le
» Ministre de l'Intérieur, je dis ceci à Votre Sei-
» gneurie, afin qu'elle en ait connaissance. »

De ce même Ordre Royal, communiqué par le
susdit Ministre, je vous donne copie et transfert
pour votre connaissance.

Dieu vous garde beaucoup d'années.

Madrid, 24 avril 1875.

Le Sous-Secrétaire d'État,

Signé :

ALZUGARAY.

M. le Baron de B***.

L'Ordre Royal du 24 avril 1875 est bien explicite, et comme il consacre d'une manière définitive l'existence du Casino de Fontarabie, nous allons en faire l'analyse détaillée afin qu'il soit bien compris de tous.

Tout d'abord, il faut expliquer ce qu'est dans son essence un Ordre Royal en Espagne.

Un Ordre Royal se donne au sujet d'un intérêt particulier et ne se publie pas dans la *Gazette officielle*. Il a force de loi, de même qu'un Décret Royal.

Quelquefois aussi l'Ordre Royal se publie à la *Gazette*, mais c'est une exception seulement, lorsque s'appliquant à une personne ou à un intérêt particulier, cette personne ou cet intérêt sont si importants qu'il est nécessaire que la nation entière connaisse la décision qui les atteint.

Ainsi par exemple, la comtesse de Girgenti, sœur du Roi Alphonse XII, vient d'être reconnue comme Princesse des Asturies, simplement par un Ordre Royal, attendu qu'il s'agit d'un intérêt s'appliquant à une seule personne, mais comme en même temps le changement de situation de cette personne intéresse toute la nation, l'Ordre Royal a été inséré dans la *Gazette officielle*.

Le Décret Royal ne se donne que pour des intérêts généraux et alors il se publie à la *Gazette officielle*.

Nous répétons que l'Ordre Royal et le Décret Royal ont force de loi et sont irrévocables.

Celui qui nous intéresse réunit toutes ces conditions comme il émane de S. M. le Roi Alphonse XII agissant en vertu de son autorité reconnue par toutes les puissances de l'Europe, sa valeur est indiscutable.

Lorsque les Cortes seront réunies, dans un temps plus ou moins éloigné, leur premier soin sera d'approuver tout ce qui aura été fait depuis la Restauration du Roi par son gouvernement et notre Ordre Royal sera compris dans cette mesure.

Examinons maintenant la teneur de l'Ordre Royal.
Il dit :

« *Vu les instances élevées à ce Ministère par la commission*
» *nommée par la Municipalité de la ville de Fontarabie en*
» *représentation de tous les habitants demandant la ré-*
» *ouverture du Casino de cette ville.* »

Que disent les instances dont il est fait mention ?

Elles exposent au Gouvernement de Sa Majesté que la question du Casino de Fontarabie, a pour cette ville une telle importance que pour elle c'est une question de vie ou de mort, et il est demandé à Sa Majesté, d'approuver la concession faite par la Municipalité pour établir un Casino international de plaisir, et la permission pour le réouvrir en vertu du décret circulaire du 7 février dernier. Nous nous rappelons les termes de la concession dont la copie était dans le dossier de l'enquête.

Par conséquent, le Ministre répondant au nom du Roi, qu'il a vu l'instance présentée par la commission de la Municipalité, sait parfaitement qu'il lui est demandé la concession d'une maison de jeu, qui a fonctionné antérieurement déjà, puisque c'est la réouverture qu'on sollicite et qui avait fonctionné par suite de cette même concession dont la copie est jointe aux pièces.

DONC LE ROI A VU ET A APPROUVÉ LA CONCESSION, PUISQUE SA RÉSOLUTION EST PRISE SUR LES INSTANCES QUI ONT ÉTÉ PRÉSENTÉES A SON MINISTRE ET DONT IL A PRIS CONNAISSANCE.

L'Ordre Royal ajoute :

« *Installé en 1869 par concession exclusive de ladite mu-*
» *nicipalité à M. Edouard Waldteufel et compagnie.* »

Cette phrase est extrêmement importante en ce sens que des gens mal intentionnés avaient répandu le bruit dans les bureaux du Gouvernement de Saint-Sébastien que la concession avait caduqué, attendu qu'elle n'avait pas reçu de commencement d'exécution de la part de M. Waldteufel. Bien que par le document n° .... la Municipalité eût protesté contre cette assertion, il n'en est pas moins vrai qu'elle avait pris une certaine importance. Aujourd'hui elle se trouve complètement anéantie. Et l'Ordre Royal reconnaît la concession exclusive.

Là encore nous voyons dans les termes de l'Ordre Royal de concession exclusive, qu'il ne s'agit pas d'un établissement vulgaire, d'un café quelconque, d'un lieu de réunions publiques ordinaire, sans quoi il n'y aurait pas eu lieu de demander une concession pour l'ouvrir : elle n'eût pas eu besoin d'être exclusive, car chacun a le droit d'avoir de tels établissements sans autorisation spéciale.

Continuons notre analyse :

« *Laquelle concession a été cédée par celui-ci (M. Wald-* » *teufel) à M. Emile Du Pressoir, avec approbation de la* » *municipalité.* »

Nous sommes heureux de trouver ici dans l'Ordre Royal la mention de cette pièce importante, par laquelle la Municipalité approuvait la cession. Nous en rappellerons ici les termes.

« Ensuite il leur en a été rendu compte (aux conseillers » municipaux) d'une communication de M. Jacques Emile » Du Pressoir, domicilié à Paris, de laquelle il apparaît que » M. Edouard Waldteufel lui a cédé tous les droits qu'il » avait à la concession à lui faite par cette Municipalité » en date du 2 décembre 1869 pour l'exploitation d'un Ca- » sino, avec salles de jeux de roulette et de trente et qua- » rante.... La Municipalité dans la cession de ce jour a

» décidé qu'elle accordait la même concession à ce même
» M. Du Pressoir. »

OR LE PRÉSENT ORDRE ROYAL A ÉTÉ DONNÉ EN VUE DE CETTE
PIÈCE ET PAR CONSÉQUENT LA CESSION SE TROUVE APPROUVÉE
PAR L'ORDRE ROYAL.

Il ajoute :

« *Vu la décision prise par l'Edit du Régent du Royaume*
» *du 22 mars 1870 sur ce même sujet.* »

Que dit le Régent dans son l'Edit?

Que **M.** Waldteufel demande « l'autorisation d'établir à
» à Fontarabie un Casino analogue à ceux de Baden Spa,
» Monaco et autres lieux, et qu'il considère que l'intéressé
» a droit à ce qu'il demande, puisque ce droit se trouve
» consigné à l'article 17 de la constitution, etc... »

Rien de plus net, de plus clair, de plus précis, car personne au monde n'ignore la nature des établissements indiqués, de Bade, Monaco et autres.

Or, le Régent répond à **M.** Walteufel qu'il a droit à ce
qu'il demande, et L'ORDRE ROYAL ACTUEL DE S. **M.** SE BASANT, SUR LA DÉCISION DU RÉGENT, L'APPROUVE DONC ET LA
CONFIRME.

Passons maintenant au Considérant de l'Ordre Royal.

Il se réfère au décret circulaire du 7 février, réglant les attributions des autorités qui peuvent donner des concessions pour des Cercles ou Casinos de plaisir seulement.

Cette expression (de plaisir seulement) qui est la seule et véritable traduction des mots espagnols *puro recreo* a besoin aussi de commentaires, car elle a donné lieu à des interprétations aussi erronées que malveillantes.

C'est l'expression contenue dans le décret circulaire cité, et l'explication en est facile à comprendre. En effet ce décret traite de tous les cercles en général : ainsi il parle des cercles de bienfaisance, des cercles mercantils et industriels, et enfin il ajoute les cercles de plaisir seulement, c'est-à-dire ceux où l'on n'ira que pour s'amuser sans s'y occuper de questions politiques ou autres, car c'est ainsi qu'il faut traduire *circulos o Casinos de puro recreo.*

Il y a des personnes assez simples pour avoir traduit ces mots par cercle ou Casino de plaisir pur, tandis que le véritable sens est cercle ou Casino *purement de plaisir*; c'est un des cas nombreux dans la langue espagnole où l'adjectif remplace l'adverbe.

Quant aux plaisirs purs c'est une interprétation absurde, ignorante et ridicule. L'édit du Régent, et toutes les pièces antérieures, ainsi que l'Ordre Royal de S. M. Alphonse XII se rapportent à un Casino ou maison de jeu, car le jeu est aussi purement un plaisir, et non pas aux *plaisirs purs seulement* qui seraient les jeux dits innocents ou autres analogues.

Arrivons maintenant à ce qui est la vraie décision de l'Ordre Royal.

Elle commence ainsi :

« Sa Majesté le Roi a bien voulu ordonner, etc. »

C'est cette formule qui constitue ce qu'on appelle en Espagne *Ordre Royal*, ou Edit Royal c'est la décision souveraine, absolue et indiscutable.

Suivons :

« *Que l'autorisation pour la réouverture dudit établissement rentre dans les attributions : Premièrement de la Municipalité de Fontarabie à qui les intéressés pourront s'adresser pour l'obtenir.* »

Le Roi se basant sur le Considérant qui précède renvoie les intéressés devant la Municipalité, qui est la seule autorité apte à statuer sur l'*ouverture*, la *constitution* et l'*existence* des Casinos purement de plaisir. Ce sont les termes employés dans le décret circulaire, et contenus aussi dans la note du sous-secrétaire d'Etat qui vient dans l'enquête à la suite de la note du Chef d'Ordre Public.

Comprenons donc bien ces mots, *ouverture*, ou *réouverture*, ce qui est notre cas, ce qui suppose une autorisation où concession déjà donnée : *constitution* qui s'entend par la forme et les règlements du Casino ; or, ceci s'applique spécialement à celui de Fontarabie dont la forme et les règlements ont été approuvés déjà, comme nous l'avons vu dans le document n°....., par la Municipalité et le Gouverneur de la province.

Quand au mot *existence* il s'applique à la vie passée, présente et future du Casino ; c'est-à-dire que la Municipalité, seule a le droit de permettre cette existence, de l'interrompre, de la prolonger, ou de la faire cesser. En un mot le Casino relève directement de cette autorité locale à laquelle il est soumis en premier ressort.

Mais dans sa sagesse, le décret du 7 février a prévu qu'un accord parfait pourrait quelquefois ne pas exister entre le Casino et la Municipalité, et c'est alors seulement, mais seulement alors, qu'intervient l'autorité du Gouverneur civil de la province devant lequel le Casino pourra se présenter en instance d'appel contre la Municipalité, c'est pour cela que dans l'Ordre Royal il est dit :

« *En cas de négative de la part de la Municipalité, les intéressés pourront en appeler au Gouverneur civil de la province.* »

Le décret circulaire du 7 février en conférant au Gouverneur civil de la province cette juridiction d'appel, limite néanmoins ses attributions, et il ne peut prendre aucune détermination contre les cercles ou Casinos, purement de plaisir sans avoir pris les ordres de son chef naturel, le Ministre de l'Intérieur, qui dans ce cas fait alors l'office de juge suprême, et indique au Gouverneur la conduite qu'il a à tenir.

Ainsi donc le Gouverneur ne peut pas prendre de son autorité privée aucune décision pour un Casino qui n'est pas situé dans la capitale de la province qu'il administre, pas plus qu'une Cour d'appel ne peut rendre de jugement sur un litige qui n'a pas passé par le tribunal de première Instance.

Tel est non-seulement l'esprit de la loi, mais tel est aussi son texte littéral.

Du reste le préambule du décret du 7 février dit qu'il est publié par le Ministère Régence afin de dicter la conduite que doivent observer les Gouverneurs civils vis-à-vis des sociétés publiques ou particulières. Ce qu'il cherche à éviter c'est la réaction contre les idées libérales à la suite de la restauration monarchique, et ce qu'il veut empêcher ce sont les mesures arbitraires. Après l'analyse précédente de l'Ordre Royal, il ne peut rester dans l'esprit de personne, aucun doute sur ces deux points capitaux, premièrement que la CONCESSION du Casino de Fontarabie accordée à M. Du Pressoir est PARFAITEMENT EN RÈGLE au point de vue légal, que toute intervention directe ou indirecte du Gouverneur de la province ne sera jamais dès lors qu'un acte arbitraire et injustifiable, et secondement que cette CONCESSION A ÉTÉ DONNÉE POUR UNE MAISON DE JEU, ET CONFIRMÉE COMME TELLE PAR DEUX GOUVERNEMENTS SUCCESSIFS.

Voilà ce qui ressort de l'examen détaillé de toutes les pièces antérieures.

DOCUMENT N° 17

*Requête présentée par MM. Du Pressoir et compa-
gnie à la Municipalité de Fontarabie pour demander la réouverture du Casino.*

En vertu de l'Ordre Royal M. Du Pressoir adressa à la
Municipalité de Fontarabie la requête suivante afin d'obtenir
la réouverture du Casino.

A Sa Seigneurie la Municipalité de la Très-noble,
Très-loyale et toujours Très-fidèle ville de Fontabarie.

Les soussignés, Du Pressoir et compagnie, habitants de Fontabarie, font savoir à Votre Seigneurie, avec le respect qu'ils lui doivent :

Que d'abord   donnent les plus expressifs remerciements à cette Municipalité pour la requête
qu'elle a bien voulu remettre au gouvernement de
S. M., par une commission spéciale, envoyée à
Madrid, afin d'obtenir la réouverture du Casino de
cette ville.

Et qu'ensuite ils font part à Votre Seigneurie,
qu'en vertu de l'Ordre Royal du 24 du présent mois
d'avril, communiqué par M. le Ministre de l'Intérieur, et répondant à votre requête, que suivant le
décret du Ministère Régence, du 7 février dernier,
c'est à la Municipalité qu'il appartient de donner

l'autorisation pour la réouverture demandée dudit établissement;

Ils supplient Votre Seigneurie de leur donner l'autorisation mentionnée pour la réouverture du Casino, faveur qu'ils espèrent mériter de votre justice reconnue.

Dieu garde Votre Seigneurie de beaucoup d'années.

Fontarabie, 29 avril.

Signé :

Du Pressoir et compagnie.

DOCUMENT N° 18

*Communication officielle du Président de la com-
mission, envoyée à Madrid par la Municipalité
de Fontarabie, l'informant de l'heureux succès de
ses démarches. — Madrid, 25 avril 1875.*

Il faut dire que la Municipalité de Fontabarie avait été
officiellement informée de l'Ordre Royal du 24 avril, par une
communication du Président de la commission, qu'elle avait
envoyée à Madrid pour appuyer son instance.

Le Président de la commission avait, en effet, reçu du
Ministre de l'Intérieur une copie de l'Ordre Royal, répondant à la requête par lui présentée.

Annonçant l'heureux résultat de ses démarches, il s'a-
dresse à la Municipalité pour lui en rendre compte en ces
termes que nous trouvons au registre des actes.

José Maria Echeneaguzia, Secrétaire de la Municipalité de la ville de Fontarabie :

Je certifie qu'au livre des actes des sessions célé-
brées par cette corporation, au folio 40, se trouve un
acte de session extraordinaire, comme il suit :

En la ville de Fontarabie, le 30 avril 1875 après
convocation à cet effet, se sont réunis MM. les Conseillers qui composent cette Municipalité, sous la
présidence de M. le Maire Don Augusto Urrutia.

Après quoi il a été donné connaissance d'une
communication officielle des sieurs D. Eugénio Sagarzazu et D. Alejandro de Arinez, commissionnés

par la Municipalité pour obtenir du Gouvernement la réouverture du Casino de cette ville, et dont la teneur est comme il suit :

La commission nommée par vous pour obtenir la réouverture du Casino de Fontarabie, a l'honneur de vous informer qu'elle a rempli sa mission en obtenant un résultat complétement satisfaisant dans les démarches qu'elle a tentées à cet effet auprès du Gouvernement de S. M. Le succès de cette entreprise a coûté à la commission deux mois de sollicitations et de veilles; mais elle est convaincue qu'elle a agi en faveur de la ville, qui par votre entremise lui a confié ses intérêts, et en vous félicitant elle se félicite elle-même en vous transmettant l'office qu'elle a reçu et dont le texte est le suivant :

Suit l'Ordre Royal dont nous avons donné le texte plus haut, et dont le Président de la commission de la Municipalité de Fontabarie avait reçu du Ministre de l'Intérieur copie officielle.

La Municipalité de Fontabarie, doublement investie de son autorité plénière sur le Casino de cette ville, par le décret circulaire du 7 février d'abord, et ensuite par l'Ordre Royal du 24 avril, répond à la requête de MM. Du Pressoir et compagnie, sollicitant la réouverture du Casino, dans la même session et comme il suit :

Les documents 18 et 19 sont sur le registre des actes ensemble et à la suite l'un de l'autre au folio 40.

DOCUMENT N⁰ 19.

Autorisation accordée par la Municipalité de Fontarabie à MM. Du Pressoir et compagnie, pour la réouverture du Casino de cette ville.

Ensuite il a été lu une pétition de MM. Du Pressoir et Cie sollicitant l'autorisation pour ouvrir le Casino de cette ville, en tant que par l'Ordre Royal du 24 du mois courant il incombe à la Municipalité d'accorder l'autorisation pour la réouverture dudit établissement.

La Municipalité, après avoir pris connaissance dudit Ordre Royal, considérant que pour la ville la réouverture du Casino est un grand bienfait, car les avantages que toute la population en tire sont immenses , accédant à la demande de MM. Du Pressoir et Cie a déterminé, à l'unanimité, AUTORISER LA RÉOUVERTURE DU CASINO de cette ville comme il a été sollicité. Cet incident a clos la session.

Suivent les signatures.

En foi de quoi je donne la présente en la ville de Fontarabie le 30 avril 1875.

José Maria ECHENEAGUZIA,

Approuvé: l'Alcalde AUGUSTO URRUTIA.

CONCLUSION

De tout ce qui précède, du texte même des pièces authentiques et de l'esprit qui a présidé à leur rédaction il résulte : QUE LE CASINO DE FONTARABIE EXISTE LÉGALEMENT ET COMME MAISON DE JEU AUTORISÉE PAR DEUX CONCESSIONS CONSÉCUTIVES. La première, celle accordée par le Gouverneur de la province de Guipuzcoa, en date du......, lequel agissait en vertu du décret de novembre 1868 sur les associations, et en vertu aussi de l'ordre du Régent du 25 mars 1870, qui lui donnait pleins pouvoirs pour accorder la concession. La seconde accordée par la Municipalité de Fontarabie à laquelle l'Ordre Royal du 25 avril 1875 reconnaît en vertu du décret du 7 février dernier, l'autorité unique pour donner une pareille concession.

Par la décision de cette même Municipalité autorisée, LE CASINO DE FONTARABIE EST OUVERT VIRTUELLEMENT ET DE DROIT, bien qu'il ne le soit pas encore de fait, et nous le répétons, il est ouvert légalement et comme maison de jeu.

Il n'y a pas ici à se payer d'équivoque et de mots à double sens, car cet affichage de pudeur de la part de certaines autorités provient de plusieurs causes distinctes que nous ne voulons pas énumérer ici. Nous avons promis dans l'introduction de ne pas parler de certains détails.

Mais, qu'on le sache bien, si nous sommes ennemis déclarés de l'arbitraire nous savons comprendre aussi les cas de conscience et nous les respectons.

Espérons que l'Ordre Royal obtenu au prix de tant de peines assurera à la société de Fontarabie de longs jours de prospérité pour son Casino, car, en dépit des jalousies et des mauvaises volontés, il est à croire que le Gouvernement du Roi Alphonse XII saura faire respecter les ordres qu'il donne.

—oOo— Paris. — Imp. F. Pichon, 14, rue Cujas.

PARIS. — IMPRIMERIE F. PICHON, 14, RUE CUJAS